www.ingramcontent.com/pod-product-compliance
Lightning Source LLC
Chambersburg PA
CBHW062146060526
44654CB00050B/1568
9783347162655